ADR FÜR EINSTEIGER: DER TRANSPORT VON GEFAHRGÜTERN AUF DER STRASSE

D1691207

JON MARTIN

Jon Martin

INDEX

Prolog	5
Kapitel 1. Einführung	7
Was ist ADR?	7
Geschichte des ADR	8
Intermodaler Transport	9
Ausnahmen vom ADR	10
Teilweise Einhaltung des ADR	13
Nicht ADR-Länder	14
Kapitel 2 Grundlegende Chemie	17
Sachverhalt	17
chemische Reaktionen	19
wichtige Konzepte	19
Oxidation, Verbrennung, Explosion, Explosion	20
Kapitel 3 Klassifizierung von Gefahrgütern	22
Klasse 1.EXPLOSIV	23
Klasse 2. GAS	24
Klasse 3. ENTFLAMMBAR	26
klasse 4.1 brennbare feste materialien	28

klasse 4.2 SPONTANOESE ENTZÜNDUNGSMATERIALIEN 29

klasse 4.3 materialien, die mit wasserfreisetzenden brennbaren gasen in kontakt kommen. 30

Klasse 5.1 KOMBURENTE 32

Klasse 5.2 ORGANISCHE PEROXIDE 34

Klasse 6.1 TEXICOS 36

klasse 6.2 INFEKTIÖSE MATERIALIEN 37

RADIOAKTIVEN DER KLASSE 7 39

Klasse 8 Ätzend 40

Klasse 9 SONSTIGE MATERIALIEN UND VERSCHIEDENE GEFAHRGEFAHRENDE GEGENSTÄNDE 42

Verpackungsgruppen 43

Gefährliche Abfälle 44

Kapitel 4. Beschilderung: Tafeln und Etiketten 45

Orangefarbene Panels 45

Gefahrzettel 49

Kapitel 5. Behälter und Verpackung   53

Kapitel 6. das Fahrzeug   57

Transporteinheit 57

Mindestausstattung 57

Fahrzeugtypen 59

nach Warenart 60

Kapitel 7 Dokumentation — 62

Allgemeines 62

Für Waren 63

Frachtbrief 64

Schriftliche Anweisungen 66

ADR-Autorisierung 67

Kapitel 8. Verkehrsregeln — 69

Umlaufbahn 69

Einschränkungen 70

Begleitende Personen 73

Parken 74

Kapitel 9: Laden, Entladen und Handhabung — 76

Verbote für konventionelle Ladung 77

Handhabung und Stauung 78

Reinigung nach dem Entladen 78

Jon Martin

Akkumulation von elektrostatischen Ladungen 79

Sonstige Anforderungen 80

Kapitel 10. Notfallsituationen   83

Feuer 83

Erste Hilfe 85

Kapitel 11. der Sicherheitsberater   88

Kapitel 12. Interessante Links   92

Jon Martin

PROLOG

In diesem Buch werden wir auf einfache Weise die wichtigsten Anforderungen an den Gefahrguttransport auf der Straße darlegen. Es geht darum, sich einen Überblick über die geltenden Anforderungen zu verschaffen und eine schnelle Diagnose Ihrer aktuellen Situation stellen zu können.

Wenn Sie an eine Ausbildung zum Sicherheitsberater denken, können die in diesem Buch behandelten Punkte als Leitfaden dienen. Sie werden dir auch helfen zu entscheiden, ob du tiefer in dieses spannende Gebiet einsteigen möchtest.

Wir beabsichtigen nicht, komplexe Konzepte zu erklären oder alle Feinheiten der verschiedenen Vorschriften zu kommentieren. Das Buch ist in separate Kapitel gegliedert, so dass Sie in beliebiger Reihenfolge lesen oder ein Kapitel Ihrer Wahl einsehen können.

Jon Martin

KAPITEL 1. EINFÜHRUNG

In diesem Kapitel werden wir im Detail beschreiben, was das ADR ist und einige der Highlights. Und gehen Sie in diesem Buch etwas tiefer auf einen bestimmten Aspekt des ADR ein.

Was ist ADR?

ADR ist das *Europäische Übereinkommen über die internationale Beförderung gefährlicher Güter auf dem Landweg.* Das Akronym ADR ergibt sich aus dem Namen des Vertrages in englischer und französischer Sprache.

*European **A**greement concerning the International Carriage of **D**angerous Goods by **R**oad.*

***A**ccord Européen Relatif au Transport des Marchandises **D**angereuses par **R**oute*

Das ADR regelt:

- Güter können auf der Straße transportiert werden und unter welchen Bedingungen.
- die für den Transport dieser Güter erforderlichen Behälter und Verpackungen
- Die erforderlichen Unterlagen müssen der Ware beiliegen.
- Die Beschilderung von Waren und Fahrzeugen.
- Fahrzeugtypen und -ausrüstung
- Fahrertraining
- Andere

Jeder dieser Punkte und einige weitere werden in diesem Buch behandelt.

Das ADR wird alle 2 Jahre aktualisiert. (In ungeraden Jahren 2015, 2017, 2019, etc.)

GESCHICHTE DES ADR

Sie wurde am 30. September 1957 in Genf gegründet und trat am 29. Januar 1968 in Kraft. Neben der Mehrheit der europäischen Nationen haben auch andere asiatische und afrikanische Länder unterzeichnet.

Jedes Land übernimmt in seinem nationalen Recht die Umsetzung des Abkommens und beauftragt die zuständigen Behörden, die Einhaltung sicherzustellen.

Das ADR besteht aus 2 Teilen. **NEED A**. *Allgemeine Bestimmungen und Bestimmungen über gefährliche Stoffe und Gegenstände,* **NEED B**. *Bestimmungen über Transportmittel und Transport*

INTERMODALER TRANSPORT

Für den Transport von Gütern gibt es neben dem ADR weitere Vorschriften. Das ADR gilt für den Straßenverkehr, aber es gibt auch Vorschriften für:

- Seeverkehr (IMDG)
- Binnenschifffahrt (DNA)
- Schienenverkehr (RID)
- Luft (ICAO/IATA)

Und es kann sein, dass eine Ware über mehr als ein Medium zirkuliert. Wenn die Ware mit zwei oder mehr Transportmitteln transportiert wird, spricht man von **intermodalem oder multimodalem Transport.** In diesem Fall können die Vorschriften widersprüchlich werden.

AUSNAHMEN VOM ADR

Es gibt bestimmte Bedingungen, unter denen die ADR-Anforderungen nicht gelten, wie in den folgenden Fällen:

Transport durch Privatpersonen, d.h. wenn die Waren von einer Privatperson transportiert werden, sind sie für den häuslichen Gebrauch bestimmt und werden im Einzelhandel verkauft. Wie z.B. ein Butankanister oder ein Lösungsmittelkanister.

Notfalltransporte, Notfallfahrzeuge, wenn ihr Zweck darin besteht, Menschenleben zu retten oder die Umwelt zu schützen.

Transporte. Maschinen oder Materialien, die nicht im ADR spezifiziert sind, d.h. Geräte oder Materialien, die als Zubehör transportiert werden, beinhalten gefährliche Güter, einschließlich Brennstoffe oder Gase. Wie z.B. Gas aus Kälteanlagen (z.B. Kühlschrank oder fahrzeugeigene Klimaanlage) oder Kraftstoff aus einem LKW oder Kraftstoff aus einer Motorsäge oder einem in einem Kran bewegten Fahrzeug.

Transporte. Wenn ein Fahrzeug, das Gefahrgut transportiert, einen Unfall oder eine Panne erleidet und abgeschleppt werden muss, ist das ADR auf den Kran nicht anwendbar.

Beförderungen, die von Unternehmen, aber zusätzlich zu ihrer Haupttätigkeit, in Mengen von höchstens 450 Litern je Versandstück durchgeführt werden. Obwohl dadurch die Tür für viele Fälle offen bleibt, werden wir die Grenzen etwas klären. Zunächst die Mengenbegrenzung. Und dann sollte es nicht seine Haupttätigkeit sein. Wenn die Haupttätigkeit der Verkauf von Lösungsmitteln oder anderen ADR-empfindlichen Stoffen ist, gilt diese Einschränkung nicht. Einige Beispiele für diese Einschränkung: Bauunternehmen, die kleine Mengen Kraftstoff für Baumaschinen transportieren, oder Bediener, die Schweißarbeiten durchführen und 1 oder 2 Gasflaschen zum Schweißen transportieren. Etc.

Die in den Kraftstofftanks enthaltenen Gase

Kraftstoff, der in den Tanks eines Fahrzeugs enthalten ist, das ich eine Transportoperation durchgeführt habe und das für seinen Betrieb oder Antrieb verwendet wird. Kraftstoffe können in festen oder Hilfstanks sowie in tragbaren oder Kanistern transportiert werden. Die Gesamtkapazität der ortsfesten Tanks darf 1.500 Liter pro Beförderungseinheit nicht überschreiten, die Kapazität eines am Anhänger angebrachten Tanks darf 500 Liter nicht überschreiten und nicht mehr als 60 Liter pro Beförderungseinheit dürfen in tragbaren Containern transportiert werden. *Dies gilt nicht für Einsatzfahrzeuge.*

Die ADR-Ausnahmen finden Sie in Abschnitt 1.1.3 des ADR.

TEILWEISE EINHALTUNG DES ADR

Das ADR erlaubt es Ihnen unter bestimmten Bedingungen, Ihre Anforderungen nur teilweise zu erfüllen.

Wenn der Transport in Bündeln durchgeführt wird. (Eine Bulkware ist ein Paket oder ein beliebiger Kleincontainer). Und überschreiten Sie nicht die maximale Menge an Gütern pro Transporteinheit. Diese Menge ist nach den ADR-Tabellen je nach Ware begrenzt. (Absatz 1.1.3.3.6.3 des ADR). Im Allgemeinen beträgt der Höchstbetrag 1.000 nach Verwendung eines Korrekturfaktors.

Begrenzte Mengen LQ Für jede Ware gibt es Gewichts- oder Volumenbeschränkungen, nach denen die Behälter mit weniger Menge für den Straßentransport nicht gefährlich sind. Denn die zu transportierenden Mengen sind so gering, dass sie im Straßenverkehr keine echte Gefahr darstellen.

In diesem Fall kennzeichnen die Hersteller die Kartons in der Regel selbst mit einer weißen Raute mit schwarzer Ober- und Unterecke, mit der Aufschrift LQ oder mit der UN-Nummer der Ware:

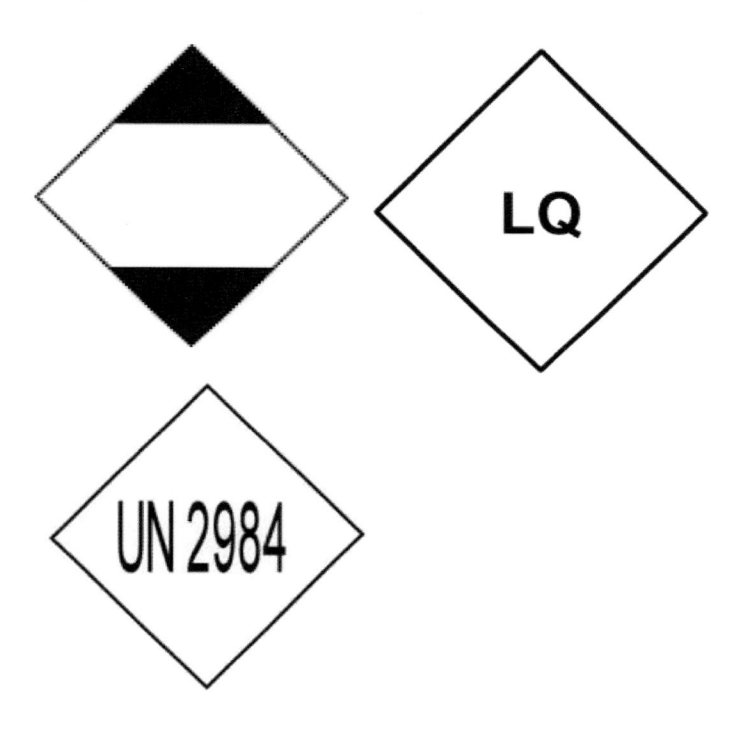

NICHT ADR-LÄNDER

ADR ist das europäische Übereinkommen für die Beförderung gefährlicher Güter, und viele außereuropäische Länder haben auch ADR oder ein ähnliches System eingeführt.

Aber Länder wie das Vereinigte Königreich, die Vereinigten Staaten verwenden ein anderes System namens HAZCHEM-System.

Dieser Code konzentriert sich nicht auf die Angabe der Eigenschaften einer Chemikalie (wie es das ADR tut), sondern konzentriert sich auf die unmittelbaren Notfallmaßnahmen, die ergriffen werden müssen, um die Auswirkungen des Vorfalls zu mildern; er gewährleistet auch die Sicherheit von Personen in Notfallteams.

Jon Martin

Und auch die Kennzeichnung der Produkte ist unterschiedlich und es wird die sogenannte Diamond of danger oder Code NFPA (National Fire Protection Association-USA) verwendet.

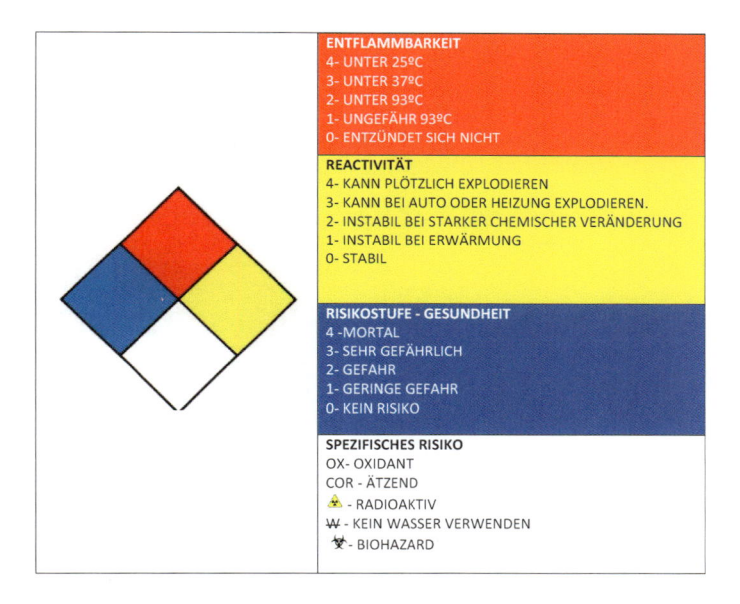

ENTFLAMMBARKEIT
4- UNTER 25ºC
3- UNTER 37ºC
2- UNTER 93ºC
1- UNGEFÄHR 93ºC
0- ENTZÜNDET SICH NICHT

REACTIVITÄT
4- KANN PLÖTZLICH EXPLODIEREN
3- KANN BEI AUTO ODER HEIZUNG EXPLODIEREN.
2- INSTABIL BEI STARKER CHEMISCHER VERÄNDERUNG
1- INSTABIL BEI ERWÄRMUNG
0- STABIL

RISIKOSTUFE - GESUNDHEIT
4 -MORTAL
3- SEHR GEFÄHRLICH
2- GEFAHR
1- GERINGE GEFAHR
0- KEIN RISIKO

SPEZIFISCHES RISIKO
OX- OXIDANT
COR - ÄTZEND
☢ - RADIOAKTIV
W - KEIN WASSER VERWENDEN
☣ - BIOHAZARD

Jon Martin

KAPITEL 2 GRUNDLEGENDE CHEMIE

In diesem Kapitel werden wir uns an einige grundlegende Konzepte der Chemie erinnern. Klare chemische Eigenschaften helfen uns besser zu verstehen, warum einige Verbote und einige Anforderungen des ADRs. Die Transporteigenschaften können das Risiko eines möglichen Unfalls erhöhen, wenn die Eigenschaften der einzelnen Stoffe nicht berücksichtigt werden.

SACHVERHALT

Die Moleküle werden durch verschiedene Kohäsionskräfte miteinander verbunden und bestimmen den physikalischen Zustand der Materie.

FEST: Sie haben eine konstante Form und ein konstantes Volumen.

FLÜSSIGKEITEN: Sie haben ein konstantes Volumen, aber die Form ändert sich je nach Behälter, in dem sie enthalten sind.

GASE: Sie haben weder Form noch konstantes Volumen.

Je nach Zustand des Stoffes sind die Risiken unterschiedlich.

Im Allgemeinen erhöht sich beim Übergang von fest zu flüssig das Volumen einer Substanz, aber wenn sie sich in einem geschlossenen Behälter befindet und sich nicht ausdehnen kann, steigt der Druck. Und das Gleiche gilt für den Übergang von der Flüssigkeit zum Gas. Diese Veränderungen treten mit der Temperaturerhöhung auf.

Wenn wir ein Gas in einem geschlossenen Behälter haben und es erwärmen, wird dieses Gas, das nicht in der Lage ist, sein Volumen zu erhöhen, den Druck im Behälter erhöhen, so dass wir ein größeres Risiko haben, dass der Behälter platzt.

CHEMISCHE REAKTIONEN

Es gibt Stoffe, die nicht gemeinsam im gleichen Container oder sogar im gleichen Fahrzeug transportiert werden können. Sie sind das, was das ADR als <u>inkompatible Stoffe</u> bezeichnet.

Unverträgliche Stoffe sind Stoffe, die miteinander reagieren können oder die in Kombination ein größeres Risiko darstellen (z.B. Transport von Sprengstoffen und Kraftstoffen).

WICHTIGE KONZEPTE

Je nach den chemischen Eigenschaften der Stoffe lassen sie sich wie folgt einteilen:

- <u>Inert</u>: Eine Substanz, die nicht mit anderen Substanzen reagiert.
- <u>Erstickungsmittel</u>: Gas, das NICHT giftig ist, aber durch Ersticken den Tod verursachen kann, da es Sauerstoff verdrängen kann (das Gas selbst tötet nicht, verhindert aber, dass wir Sauerstoff

einatmen und Erstickung und Tod verursachen).

- Giftig: Substanz, die Gasstörungen im Körper verursacht und sogar zum Tod führen kann.
- Ätzend: Substanz, die bei der Reaktion mit dem Gewebe von Lebewesen oder mit Materialien Läsionen erzeugt.
- Radioaktiv: Substanz, die Strahlung emittiert.
- Kompliziert: Substanz, die in Kontakt mit einem Kraftstoff zu einer Verbrennungsreaktion führen kann.

OXIDATION, VERBRENNUNG, EXPLOSION, EXPLOSION

Der Unterschied zwischen dieser Art von Reaktion besteht in der Geschwindigkeit, mit der sie stattfindet.

- Flammpunkt: Die Mindesttemperatur, bei der ein Material entzündet wird.

- <u>Selbstzündungspunkt</u>: Die minimale Temperatur, bei der sich ein Material ohne Flamme oder Funke entzündet.
- <u>Entflammbarkeitsrisiko</u>: Mindest- und Höchstkonzentration eines Gases, in dem mit einem Funken oder einer Flamme Feuer gefangen werden kann.

Jon Martin

KAPITEL 3 KLASSIFIZIERUNG VON GEFAHRGÜTERN

In diesem Kapitel werden wir auf die Klassifizierung von Gefahrgütern nach dem ADR und einige der herausragendsten Merkmale jeder Klasse eingehen. Das ADR klassifiziert Gefahrgut in 13 verschiedene Klassen:

- Klasse 1; Explosive Stoffe und Gegenstände
- Klasse 2; GASE
- Klasse 3; Entflammbare Flüssigkeiten
- Klasse 4.1; Feste brennbare Stoffe, selbsttätige Stoffe und explosive Stoffe, die als entflammbarer fester Stoff verwendet werden.
- Klasse 4.2; MATERIALIEN, die eine EXPOSITION EXPOSITION EXPOSION EXPONTANEOUS INFLAMMATION ERLEBEN KÖNNEN.

- Klasse 4.3; MATERIALIEN, die bei Kontakt mit Wasser entzündbares Gas freisetzen.
- Klasse 5.1; KOMBURENTE
- Klasse 5.2; ORGANISCHE PEROXIDE
- Klasse 6.1; TOXISCH
- Klasse 6.2; INFEKTIOUS
- Klasse 7; RADIOAKTIVITÄTEN
- Klasse 8; Ätzend
- Klasse 9; Unterschiedliche gefährliche Stoffe und Gegenstände

KLASSE 1.EXPLOSIV

Die Gefahren dieser Stoffe sind:

- Feuer
- Explosionen und/oder Massenexplosionen

- Heizung
- Einleitung von Explosionen als Folge von Schlägen

Dabei kann es sich um explosive Stoffe (Feststoffe oder Flüssigkeiten), pyrotechnische Stoffe oder explosive Gegenstände handeln.

Die Fächer der Klasse 1 werden weiter in 6 Abteilungen (1.1, 1.2, 1.3, 1.4, 1.5, 1.6) und auch in verschiedene Kompatibilitätsgruppen (A, S, C, D, E, F, G, H, J, K, L, N, S) unterteilt.

KLASSE 2. GAS

Gase sind Waren, die bei 50°C einen Dampfdruck von mehr als 300kPa (3 bar) oder bei 20°C vollständig in einem gasförmigen Zustand (101,3kPa) aufweisen.

Waren der Klasse 2 werden in die folgenden Unterteilungen eingeteilt:

- Verdichtete Gase (bei -50°C sind sie teilweise gasförmig)
- Verflüssigte Gase (bei -50°C sind sie teilweise flüssig)
- Kryogene Gase (die Siedetemperatur bei Atmosphärendruck beträgt weniger als -40°C)
- Unter Druck gelöste Gase (das Gas wird in einem Lösungsmittel in flüssiger Phase gelöst).

Tabelle der Klassifizierung der mit jedem Typ verbundenen Gase und Gefahren:

A Asfixiante	TF Entzündliche giftige Stoffe	TOC Toxisch Oxidierend Ätzend Ätzend
O Comburent	TC Ätzende Toxizität	CO Kompensator korrosiv
F Entzündlich	TO Toxisches Oxidationsmittel	FC Entzündbarer korrosiver
T Giftig	TFC Entzündlich Giftig Korrovisus	

Die spezifischen Gefahren der Klasse 2 sind:

- Bersten des Behälters
- Explosion
- Erstickung
- Vergiftung

KLASSE 3. ENTFLAMMBAR

Entzündbare Flüssigkeiten sind solche, die:

- mit einem maximalen Flammpunkt von 61°C
- mit einem maximalen Dampfdruck von 300kPa (3 bar) bei 50°C und nicht vollständig gasförmig bei 20°C und einem Standarddruck von 101,3 kPa.

Zu dieser Klasse gehören auch entzündliche Flüssigkeiten und geschmolzene Feststoffe mit einem Flammpunkt über 61°C, die zum Transport in oder über ihrem Flammpunkt geliefert werden, sowie desensibilisierte explosive Flüssigkeiten. Ihre Klassifizierung ist wie folgt:

- F Brennbare Flüssigkeiten
- FT Entzündliche Flüssigkeiten giftig
- FC brennbare Flüssigkeiten korrosiv
- FTC Entzündliche Flüssigkeiten giftig und korrosiv
- D desensibilisierte explosive Flüssigkeiten

Die mit der Klasse 3 verbundenen spezifischen Gefahren sind:

- Feuer
- Explosionen
- Verbrennungen
- Vergiftung
- Irritation

Jon Martin

KLASSE 4.1 BRENNBARE FESTE MATERIALIEN

Sie gehören zur Klasse 4.1:

- Leichtentzündliche Feststoffe und feste Gegenstände
- Selbstzersetzliche Feststoffe und Flüssigkeiten
- Desensibilisierte explosive Feststoffe
- Themen im Zusammenhang mit selbstreaktiven Themen

Und sie sind geheim.

- Leichtentzündliche Feststoffe und feste Gegenstände
- Selbstzersetzliche Feststoffe und Flüssigkeiten
- Desensibilisierte explosive Feststoffe

Jon Martin

- Themen im Zusammenhang mit reaktiven Autorenfragen

KLASSE 4.2 SPONTANOESE ENTZÜNDUNGSMATERIALIEN

Es ist wichtig, dass sie es sind:

- Pyrophore Substanzen (entzünden sich in 5 Minuten, trocken, unter Wasser oder in Lösung)
- Materie und Objekte, die eine spontane Erwärmung erfahren.

Sie sind klassifiziert in:

- S-Materialien, die spontane Entzündungen erfahren können

- SW-Materialien, die sich selbst entzünden und bei Kontakt mit Luft brennbare Gase entwickeln können.
- SO-Materialien, die sich spontan entzünden, oxidieren können.
- ST-Materialien, die spontane Entzündungen verursachen können, Toxika
- SC-Materialien, die sich spontan entzünden können, werden korrosiv.

KLASSE 4.3 MATERIALIEN, DIE MIT WASSERFREISETZENDEN BRENNBAREN GASEN IN KONTAKT KOMMEN.

Stoffe und Gegenstände, die durch Reaktion mit Wasser brennbare Gase entwickeln, die mit Luft explosive Gemische bilden können, sowie Gegenstände, die Stoffe dieser Klasse enthalten.

Sie sind klassifiziert als

- **W** Stoffe, die bei Kontakt mit Wasser entzündliche Gase entwickeln, ohne zusätzliches Risiko.
- WF-Stoffe, die in Kontakt mit Wasser brennbare Gase in fester oder flüssiger Form entwickeln.
- WS-Materialien, die einer spontanen Erwärmung unterliegen
- WO-Materialien, die bei Kontakt mit Wasser brennbare oxidierende Gase entwickeln.
- WT-Materialien, die bei Kontakt mit Wasser brennbare giftige Gase entwickeln.
- WC-Materialien, die bei Kontakt mit Wasser korrosive brennbare Gase entwickeln.
- WFC-Stoffe, die bei Kontakt mit Wasser brennbare, brennbare, brennbare und korrosive Gase entwickeln.

Die spezifischen Gefahren, die mit Materialien der Gruppe 4 (Klasse 4.1, 4.2 und 4.3) verbunden sind, sind:

- Explosionen
- Verbrennungen
- Vergiftung
- Blowout
- "kann nach dem Löschen des Feuers entzündlich werden."

KLASSE 5.1 KOMBURENTE

Diese Klasse umfasst Materialien, die, ohne selbst brennbar zu sein, im Allgemeinen durch Freisetzung von Sauerstoff die Verbrennung anderer Materialien und Gegenstände, die sie enthalten, bewirken oder begünstigen können.

Diese Materialien werden unter:

- **oder** oxidierende Stoffe, die in fester, flüssiger oder objektiver Form vorliegen können.
- **von** brennbaren oxidierenden Substanzen
- **OS** oxidierende Substanzen, die einer Selbstentzündung ausgesetzt sind.
- **OW** oxidierende Substanzen, die bei Kontakt mit Wasser brennbare Gase entwickeln.
- **OT** toxische oxidierende Substanzen in fester oder flüssiger Form
- **OC** ätzende oxidierende Substanzen in flüssigem oder festem Zustand
- OTC-oxidierende, toxische und korrosive Substanzen

Die mit der Klasse 5.1 verbundenen spezifischen Gefahren sind:

- Brände und Explosionen, wenn sie mit Brennstoffen in Berührung kommen. Wenn es ein Feuer gibt, kann es seine Wirkung vervielfachen.
- Blowout
- Irritation
- Vergiftung
- Gewalttätige Reaktion
- Verbrennen

KLASSE 5.2 ORGANISCHE PEROXIDE

In dieser Klasse sind organische Peroxide und Zubereitungen aus organischen Peroxiden. Unter organischen Peroxiden verstehen wir, dass es sich um brennbare und relativ instabile Stoffe handelt, die bei der Zersetzung Sauerstoff freisetzen können, was eine Verbrennung begünstigt, da sie die Verbrennung begünstigen und auch brennbar sind.

Diese Klasse wird unterteilt in:

- **P1** Organische Peroxide, die keiner Temperaturregelung bedürfen.
- **P2** organische Peroxide, die eine Temperaturregelung erfordern

Peroxide wiederum werden je nach Gefährdungsgrad in sieben Typen eingeteilt.

Organische Peroxide bergen die folgenden Gefahren:

- Produzieren Sie heftige Reaktionen oder eine Explosion.
- Brände begünstigen
- Kann in der Luft ein explosives Gemisch bilden.
- Hitze kann den Stabilisator zerstören.

KLASSE 6.1 TEXICOS

Dies sind Sachverhalte, die erfahrungsgemäß bekannt sind oder auf der Grundlage von Tierversuchen akzeptiert werden können, die in relativ kleinen Mengen und für eine einzige Aktion oder für kurze Zeit die menschliche Gesundheit schädigen oder durch Inhalation, dermale Absorption oder Einnahme zum Tode führen können.

Diese Materialien werden unter:

- **T T** Toxische Stoffe ohne Nebenrisiko
- **TF** Giftige und brennbare Stoffe
- **TS** Spontan erwärmte toxische Stoffe
- **TW** Toxische Stoffe, die in Kontakt mit Wasser brennbare Gase entwickeln.

- **TO** Toxische und oxidierende Substanzen
- **TC** Toxische und korrosive Stoffe
- **TFC** Giftige, entzündliche und ätzende Stoffe

KLASSE 6.2 INFEKTIÖSE MATERIALIEN

Stoffe, die bekannt sind oder nach vernünftigem Ermessen Krankheitserreger enthalten, können definiert werden als Mikroorganismen (einschließlich Bakterien, Viren, Parasiten und Pilze) oder rekombinante Mikroorganismen (Hybride oder Mutanten), die bekannt sind oder nach vernünftigem Ermessen Infektionskrankheiten bei Tieren oder lebenden Organismen verursachen.

Jon Martin

Diese sind eingeteilt in:

- **I1** Infektiöse Stoffe für den Menschen
- **I2** Infektiöse Stoffe nur für Tiere
- **I3** Klinische Abfälle
- **I4** Diagnostische Proben

Und sie sind in verschiedene Risikogruppen eingeteilt:

- <u>Risikogruppe 4: ein</u> Krankheitserreger, der im Allgemeinen eine schwere Krankheit bei Mensch oder Tier verursacht, die leicht direkt oder indirekt von einem Wesen auf ein anderes übertragen wird und für die es im Allgemeinen keine wirksame Behandlung oder Prophylaxe gibt,
- <u>Risikogruppe 3</u>: ein Erreger, der in der Regel eine schwere Krankheit bei Mensch oder Tier verursacht, aber grundsätzlich nicht von einer kontaminierten Person auf eine andere übertragen wird und für den eine

wirksame Behandlung und Prophylaxe zur Verfügung steht.

- <u>Risikogruppe 2</u>: ein Krankheitserreger, der eine Krankheit bei Mensch oder Tier verursachen kann, aber grundsätzlich keine ernste Gefahr darstellt und gegen den zwar bei Exposition eine schwere Infektion hervorgerufen werden kann, aber wirksame Behandlungs- und Prophylaxemaßnahmen vorhanden sind, wobei das Risiko einer Ausbreitung der Infektion begrenzt ist.

RADIOAKTIVEN DER KLASSE 7

Der Transport von radioaktiven Stoffen steht im Mittelpunkt:

- Einschließen von radioaktivem Material
- Verpackung, die Strahlung nach außen verhindert.
- Vermeiden Sie es, das Material bei mehr als 50°C in den Schatten zu stellen.
- Vermeidung von Kritikalität an radioaktiven Stoffen

KLASSE 8 ÄTZEND

Stoffe und Gegenstände, die Stoffe enthalten, die durch ihre chemische Wirkung das Epithelgewebe der Haut und der Schleimhäute bei Berührung mit ihnen schädigen oder im Falle eines Auslaufens andere Güter oder

Transportmittel beschädigen oder zerstören können; diese Klasse umfasst auch Stoffe, die nur eine korrosive Flüssigkeit erzeugen, die bei Berührung mit Wasser oder in der natürlichen Luftfeuchtigkeit korrosive Dämpfe oder Nebel erzeugt.

Die Fächer der Klasse 8 werden eingeteilt in:

- **C1-C11** Ätzende Stoffe, ohne zusätzliche Bewässerung mit Säure oder basischem Charakter und Gegenstände
- **CF** Ätzende Stoffe, brennbar
- **CS** Ätzende Substanzen, die sich spontan erwärmen.
- **CW** Ätzende Stoffe, die in Kontakt mit Wasser brennbare Gase entwickeln.
- **CO** Ätzende, oxidierende Substanzen
- **CT** Ätzende, giftige Stoffe
- **CFT** Flüssige, brennbare, giftige, ätzende Stoffe
- **TOC** Ätzende, oxidierende, giftige Stoffe

Jon Martin

KLASSE 9 SONSTIGE MATERIALIEN UND VERSCHIEDENE GEFAHRGEFAHRENDE GEGENSTÄNDE

Dabei handelt es sich um Materialien, die eine Gefahr für den Transport darstellen, aber aufgrund ihrer Eigenschaften nicht in eine der vorgenannten Klassen eingeordnet werden können.

Diese sind eingeteilt in:

- **M1** Stoffe, die beim Einatmen in Form von Feinstaub die Gesundheit gefährden können.
- **M2** Materialien und Geräte, die bei Entzündung Dioxine produzieren können.
- **M3** Materialien, die brennbare Dämpfe abgeben.

- **M4** Lithium Batterien
- **M5** Lebensrettungsgeräte
- **M6-M8** Umweltgefährdende Stoffe
- **M9-M10** Bei hohen Temperaturen transportierte Materialien
- **M11** Stoffe, die während des Transports ein Risiko darstellen, aber nicht den Definitionen einer anderen Klasse entsprechen.

VERPACKUNGSGRUPPEN

Jedes der Fächer der verschiedenen Klassen kann nach seiner Gefährlichkeit in 3 Gruppen eingeteilt werden. Diese Klassifizierung sind die sogenannten Verpackungsgruppen.

VERPACKUNGSGRUPPE	
I	Sehr gefährliche Stoffe
II	Mittelgefährliche Stoffe
III	Geringe Gefährlichkeit der Stoffe

GEFÄHRLICHE ABFÄLLE

Das ADR umfasst auch die Beförderung von Abfällen aus Stoffen, die dem ADR unterliegen. Dazu gehört auch der Transport von gefährlichen Abfällen.

KAPITEL 4. BESCHILDERUNG: TAFELN UND ETIKETTEN

In diesem Kapitel werden wir uns mit der Identifizierung von Gefahrgütern und den Fahrzeugen, die sie transportieren, befassen.

ORANGEFARBENE PANELS

Beförderungseinheiten, die gefährliche Güter befördern, müssen in vertikaler Ebene zwei orange rückstrahlende rechteckige Paneele von 40 cm Grundfläche und 30 cm Höhe mit einem schwarzen Rand von 156 mm aufweisen.

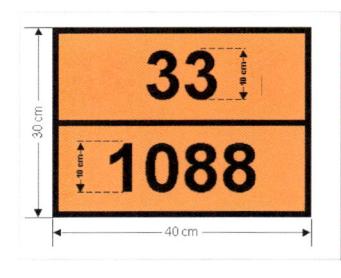

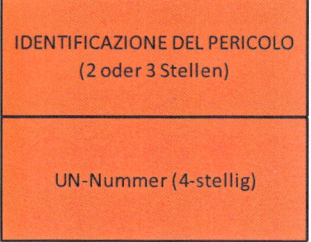

Platten, die sich nicht auf das zu transportierende Gefahrgut beziehen, müssen entfernt oder abgedeckt werden.

Wenn in einem Fahrzeug, Kasten, Kasten, die Gefahrgüter unterschiedlich sind, einer oder mehreren Klassen, werden die Vorder- und Rückwände nicht nummeriert.

Tankfahrzeuge und Tankcontainerträger müssen eine Vorder- und Rückwand mit der Nummerierung des Transportgutes aufweisen.

Transporteinheiten und Container, die Schüttgüter transportieren, werden auf beiden Seiten, auf jeder Transporteinheit oder auf jedem Container mit nummerierten Tafeln versehen.

Befördert ein Tankwagen mehrere verschiedene Güter in verschiedenen Abteilungen, so sind die Seiten jedes Bereichs sichtbar mit orangefarbenen Tafeln mit den entsprechenden Identifikationsnummern zu kennzeichnen. In diesem Fall werden die Vorder- und Rückwände nicht nummeriert.

Jon Martin

Bei der Beförderung von Benzin, Diesel oder Kerosin ist es nicht zwingend erforderlich, die orangefarbenen Tafeln an den Seiten der <u>unterteilt angeordneten</u> Tankfahrzeuge anzubringen, da die gefährlichste Nummerierung, in diesem Fall Benzin, auf der Vorder- und Rückseite angebracht wird.

Diese Bestimmungen gelten gleichermaßen für alle Beförderungseinheiten wie Aufsetztanks, Tankcontainer, Batteriefahrzeuge, Fahrzeuge und leere Großbehälter, die nicht gereinigt und nicht entgast sind.

Was bedeutet die Nummer zur Kennzeichnung der Gefahrenstelle?

Es handelt sich um eine 2- oder 3-stellige Zahl, die die Gefahr der Ware und die Angaben in der folgenden Tabelle angibt:

Jon Martin

2 Gasaustritt durch Druck oder durch eine chemische Reaktion
Entflammbarkeit von flüssigen Stoffen (Dämpfen) und Gasen oder flüssigen Stoffen, die anfällig für
3 Selbsterhitzung sind.

4 Entflammbarkeit von Feststoffen oder von Feststoffen, die zur Selbsterhitzung neigen.

5 Comburent (fördert das Feuer)
6 Toxizität oder Infektionsgefahr
7 Radioaktivität
8 Korrosivität
9 Gefahr einer spontanen gewalttätigen Reaktion

Es liegt in der Verantwortung des Spediteurs, die korrekte Platzierung der Paneele im Fahrzeug anzugeben.

Einige weitere Angaben auf der Gefahrenidentifizierungsnummer sind:

- Wenn die Figur zweimal erscheint, ist das ein Zeichen dafür, dass sich die damit verbundene Gefahr verschärft.

- Kann die Gefahr einer Angelegenheit durch eine einzige Zahl ausreichend angegeben werden, so ist sie durch eine zweite Position von Null zu ergänzen.

- Es gibt Kombinationen von Zahlen, die eine besondere Bedeutung haben (22, 323, 333, 333, 362, 382, 423, 44, 446,

482, 539, 606, 623, 642, 823, 842 und 99).

- Wenn der Buchstabe X der Kennzeichnungsnummer vorangestellt ist, bedeutet dies, dass der Stoff auf gefährliche Weise mit Wasser reagiert; für solche Stoffe darf im Notfall kein Wasser verwendet werden (außer mit Genehmigung der zuständigen Behörde).

GEFAHRZETTEL

Das Kennzeichnungssystem basiert auf der Charakterisierung oder Klassifizierung von Gefahrgütern und soll die von diesen Gütern ausgehenden Gefahren identifizieren, die an ihren Etiketten, Schildern und Symbolen leicht erkennbar sind. Und erkennen Sie die Art oder die Eigenschaften des Risikos, was leicht durch weltweit bekannte Symbole erkennbar ist.

Im folgenden Bild sehen Sie einige der verschiedenen Labels, die im ADR erkannt werden:

Jon Martin

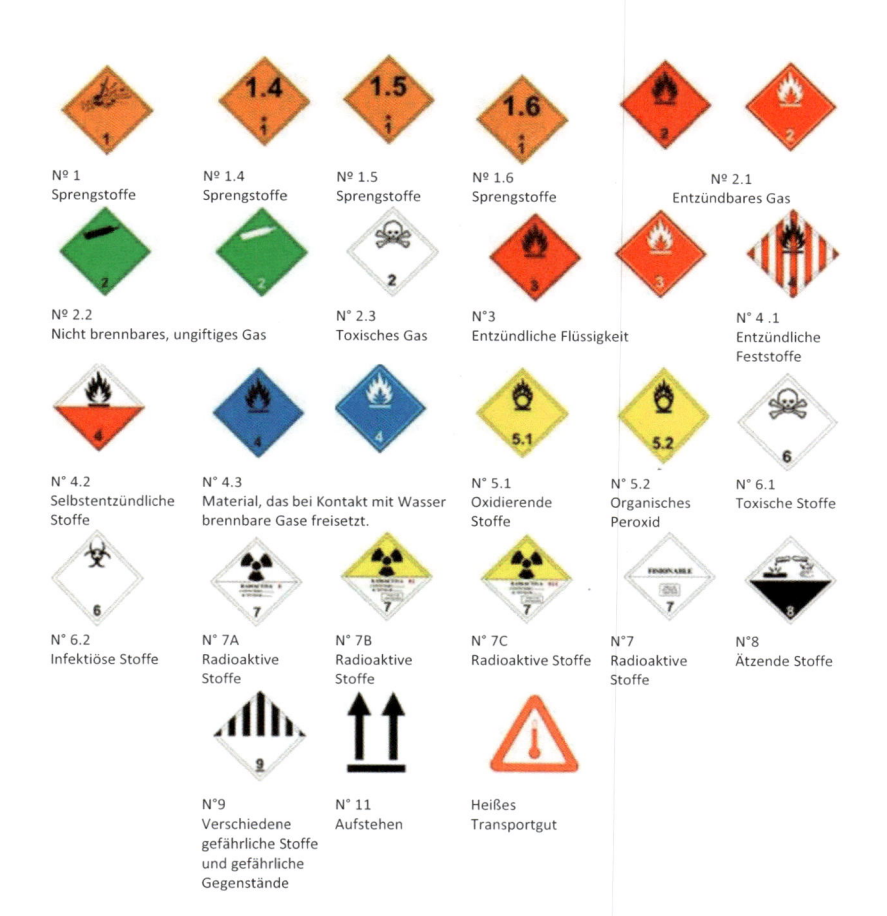

Nº 1	Sprengstoffe
Nº 1.4	Sprengstoffe
Nº 1.5	Sprengstoffe
Nº 1.6	Sprengstoffe
Nº 2.1	Entzündbares Gas
N° 2.2	Nicht brennbares, ungiftiges Gas
N° 2.3	Toxisches Gas
N°3	Entzündliche Flüssigkeit
N° 4.1	Entzündliche Feststoffe
N° 4.2	Selbstentzündliche Stoffe
N° 4.3	Material, das bei Kontakt mit Wasser brennbare Gase freisetzt.
N° 5.1	Oxidierende Stoffe
N° 5.2	Organisches Peroxid
N° 6.1	Toxische Stoffe
N° 6.2	Infektiöse Stoffe
N° 7A	Radioaktive Stoffe
N° 7B	Radioaktive Stoffe
N° 7C	Radioaktive Stoffe
N°7	Radioaktive Stoffe
N°8	Ätzende Stoffe
N°9	Verschiedene gefährliche Stoffe und gefährliche Gegenstände
N° 11	Aufstehen
	Heißes Transportgut

Kennzeichen: Dies sind "erweiterte" Gefahrzettel, die an den Außenwänden der Beförderungseinheiten angebracht sind, um vor Gefahren und Risiken für das Transportgut zu warnen.

Jon Martin

Beförderungseinheiten, die gefährliche Güter befördern, müssen auf mindestens zwei gegenüberliegenden Seiten der Einheit mit Platten versehen sein. Sie müssen mindestens 25x25 mm groß und wetterfest sein.

Einheiten, die Gefahrgüter in loser Schüttung befördern, sowie solche, die Versandstücke befördern, müssen ordnungsgemäß gekennzeichnet und gekennzeichnet sein. Das bedeutet, dass jeder Behälter oder jedes Lager, der Waren enthält, die im ADR gesammelt wurden, extreme Zeichen trägt, die die Angelegenheit und die damit verbundene Gefahr identifizieren.

In Verpackungen werden die Gefahrenhinweise auf den 10 cm langen Verpackungen angebracht (sie können um die Größe des Pakets kleiner sein, mit der Maßgabe, dass sie gut sichtbar bleiben).

In GRG mit einer Kapazität von mehr als 450 kg. (und in radioaktiven Versandstücken) sind auf zwei gegenüberliegenden Seiten zu kennzeichnen.

Obwohl man nicht immer das Plakat tragen muss. Kastenfahrzeuge tragen sie nur, wenn sie Sprengstoffe oder radioaktive Stoffe transportieren.

Jon Martin

KAPITEL 5. BEHÄLTER UND VERPACKUNG

In diesem Kapitel wird erläutert, wie die Behälter aussehen sollten, welche Widerstandsprüfungen sie bestehen müssen, welche Materialien sie enthalten dürfen usw. Das ADR setzt Standards für die Verpackung.

Wenn sie transportbereit sind, einschließlich des Inhalts mit dem wir uns auf sie mit dem Namen "BULTOS" beziehen.

Das ADR legt die Arten von Behältern und Verpackungen fest, die für jedes Material zugelassen sind, wobei in der Regel mehrere Möglichkeiten bestehen.

Die Behälter und Verpackungen sind mit einer Nummer gekennzeichnet, die dem Typ des gleichen Typs entspricht:

- 1 BOTTOM
- 3 KEIL
- 4 KISTEN
- 5 SACO

- 6 VERBUNDVERPACKUNGEN
- 0 LEICHTMETALLVERPACKUNGEN

Ebenso werden die Materialien der gleichen Materialien auch mit einem Buchstaben gekennzeichnet:

- STAHL
- B ALUMINIUM
- C NATÜRLICHES HOLZ
- D PLYWOOD
- F AGGLOMERAT
- G KARTON
- H KUNSTSTOFF
- L TEXTIL
- M MEHRSEITIGES PAPIER
- N METALL
- P GLAS, PORZELLAN, STEINZEUG

Container für ADR sind homologierte Container und tragen eine Identifikation.

Als Beispiel haben wir folgendes: **4G/Y145/S/16/USA/CS Dies** ist ein neuer (4G) Karton (Y), 145KPa Hydraulikdruck, für Feststoffe (S), hergestellt 2016 in den USA, CS Hersteller.

R am Ende zeigt an, dass der Container aufgearbeitet wurde und in welchem Jahr er aufgearbeitet wurde.

Um zugelassen zu werden, müssen Behälter eine Reihe von Prüfungen wie Falltest, Dichtheitsprüfung, Hydraulikdruckprüfung, Stapelprüfung usw. bestehen.

Es gibt auch andere Behälter wie Druckbehälter (Druckfässer, Flaschen, Aerosole, Gaspatronen usw.), Großvolumenbehälter (GRG) oder Großpackungen.

Jon Martin

KAPITEL 6. DAS FAHRZEUG

In diesem Kapitel werden wir die Anforderungen an Fahrzeuge, die gefährliche Güter befördern, erläutern.

TRANSPORTEINHEIT

Eine Transporteinheit ist ein Kraftfahrzeug, an das kein Anhänger angehängt ist, oder an die Kombination aus Fahrzeug und Anhänger oder Sattelanhänger.

Eine mit Gefahrgut beladene Beförderungseinheit darf nicht mehr als einen Anhänger befördern.

MINDESTAUSSTATTUNG

Die Transporteinheiten müssen mindestens die folgenden Geräte tragen:

- Zwei selbsttragende Warnsignale (Signaldreiecke)
- Reflektierende Kleidung für alle Besatzungsmitglieder
- Mindestens 1 Unterlegkeil
- 1 Taschenlampe für jedes Besatzungsmitglied
- EPI´s nach schriftlicher Anleitung
- Feuerlöscher (nach Fahrzeug MMA)

Und je nach Fahrzeugtyp

- Füllstandsanzeige
- Thermometer
- Druckmessgeräte
- Vakuummessgerät
- Fahrtenschreiber
- Ventile

Insbesondere benötigen sie auch, je nach den Gegebenheiten des Fahrzeugs:

- Batterietrennschalter
- Antiblockiersysteme
- Auspuffanlagen
- Fahrzeug-Widerstandsbremsen

- Geschwindigkeitsbegrenzungsvorrichtungen
- Anhängerkupplungsvorrichtungen

FAHRZEUGTYPEN

- **EX II Fahrzeug** für den Transport von Sprengstoffen
- **EX III Fahrzeug** für den Transport von Sprengstoffen
- **FL-Fahrzeug** für den Transport von Flüssigkeiten mit Flammpunkt oder brennbaren Gasen.
- **OX-Fahrzeug** für den Transport von organischen Peroxiden.
- **AT-Fahrzeuge** sind andere Fahrzeuge als FL und OX, die für die Beförderung von Gütern in Tankcontainern, tragbaren Tanks, MEGCs, festen oder abnehmbaren Tanks und Batteriefahrzeugen bestimmt sind.

NACH WARENART

Je nach Art der Ware können zusätzliche Maßnahmen erforderlich sein. Einige Beispiele sind die folgenden:

Im Falle des Transports von **Gasen** müssen sie in belüfteten Fahrzeugen fahren (oder offen). Ist dies nicht möglich, signalisieren Sie "ACHTUNG ohne Lüftung, mit Pflege öffnen". In einigen Fällen sollte auch Atemschutz verwendet werden.

Entzündbare feste Stoffe (Klasse 4.1) müssen betankt, strahlungsgeschützt und temperaturgeführt werden.

In der Klasse 4.2 müssen Fahrzeuge überdacht oder gezeltet sein.

Klasse 5.1. Einige Materialien der Klasse 5.1 dürfen nur in Tanks oder Tankcontainern transportiert werden. Holzfußböden können nicht verwendet werden oder müssen zumindest mit einem undurchlässigen und feuerfesten Material belegt sein.

In der Klasse 5.2 muss in vielen Fällen die Temperatur geregelt werden.

Klasse 6.2 Nur ein 2 kg Feuerlöscher ist erforderlich und die Einschränkung der tragbaren Beleuchtung entfällt (ADR besagt, dass tragbare Beleuchtung keine Flamme sein kann).

Jon Martin

KAPITEL 7 DOKUMENTATION

In diesem Kapitel werden wir die notwendigen Unterlagen in jedem Fahrzeug sehen, aber auch die, die für den Transport gefährlicher Güter auf der Straße erforderlich sind.

ALLGEMEINES

Sie müssen die von der Straßenverkehrsordnung vorgeschriebenen rechtlichen Unterlagen für jedes Fahrzeug, aber auch bestimmte spezifische ADR-Dokumente mitbringen.

- Fahrerlaubnis
- Ausweisdokument (oder Reisepass)
- Fahrtenschreiberscheiben (ggf. in Fahrzeugen)
- ADR-Bescheinigung (entsprechend den Eigenschaften der Ware).
- Professionelle Transportkarte
- Fahrzeugzulassungsbescheinigung
- Obligatorische Unfallversicherung

Jon Martin

- Technisches Datenblatt des Fahrzeugs und technische überprüfung des in kraft befindlichen fahrzeugs
- Fahrzeugzulassung und Typgenehmigungsbogen (ADR)
- Reinigungszertifikat. (ADR)
- Checkliste. (ADR)
- Zertifikat von arrumazón. (ADR)

FÜR WAREN

Gefährliche Güter müssen begleitet werden von:

- Frachtbrief
- Schriftliche Anweisungen für den Fahrer
- Identifikation der Besatzung
- Versicherung, die die Deckung von Gefahrgütern beinhaltet.

Auch in anderen Fällen ist es notwendig, andere spezifische Dokumente zu haben. Als nächstes werden wir die ausstehenden Dokumente kommentieren.

Jon Martin

FRACHTBRIEF

Der Frachtbrief ist ein Dokument, das alle zu transportierenden Waren, Absenderdaten, Empfängerdaten, Trägerdaten, Menge usw. angibt und daher folgende Daten enthalten muss:

- Zu transportierende Güter
- Dispatcher
- Empfänger
- Spediteur (insbesondere wenn es sich weder um den Absender noch um den Empfänger handelt).
- Menge
- Die UN-Nummer der Waren, der "UN" vorangestellt ist.
- Offizielle Bezeichnung des Transports
- Verpackungsgruppe
- Die Modellnummer der Etiketten
- Nummer und Beschreibung der Pakete. Sowie sein Gewicht

Es gibt kein offizielles Muster für ein Beförderungspapier, aber es gibt den oben genannten Mindestgehalt, der in jedem von ihnen erscheinen muss.

Der Frachtbrief muss in der Amtssprache des Ursprungslandes und in Französisch, Englisch oder Deutsch (im Falle der internationalen Beförderung) ausgestellt sein.

Der Absender muss im Frachtbrief oder in der gesonderten Erklärung bescheinigen, dass das zu befördernde Material nach den Bestimmungen der A.D.R. für den Straßenverkehr zugelassen ist und dass sein Zustand, seine Verpackung und Kennzeichnung den Bestimmungen der A.D.R. entsprechen.

Es gibt einige Ausnahmen, wie z.B. die Tatsache, dass der Empfänger der Ware mehrere ist. In diesem Fall können die Daten der Empfänger sowie die zu jedem von ihnen gehörenden Warenmengen als weitere Dokumentation beigefügt werden (wie z.B. in Lieferscheinen). Im Falle von Falken- oder Unterwegsverkäufen kann die Ausgangs- und Zielrichtung identisch sein (Adresse des Laders).

SCHRIFTLICHE ANWEISUNGEN

Schriftliche Anweisungen sind ein Dokument mit Anweisungen, wie im Notfall vorzugehen ist. Dem Fahrer sind im Vorgriff auf Vorfälle oder Unfälle, die sich während des Transports ereignen können, schriftliche Anweisungen zu erteilen.

Der Absender ist für den Inhalt dieser Anleitung verantwortlich.

Der Spediteur muss sicherstellen, dass die betroffenen Fahrer diese Anweisungen verstehen und korrekt anwenden können.

Schriftliche Anweisungen für nicht an Bord befindliche Waren sind zu unterlassen. Wenn beispielsweise die Ware bereits entladen wurde, müssen die Anweisungen für diese Ware vernichtet oder separat gelagert werden.

Jede Anweisung muss den Namen der Ware, die Klasse, die UN-Nummer, die Art der Gefahr und den zu verwendenden individuellen Schutz enthalten.

Sie sind in einer Sprache, die der Fahrer und sein Assistent lesen und verstehen können, und in allen Sprachen der Länder, durch die die Waren zirkulieren sollen, abzufassen. Die Anweisungen sind in jedem Fall während des Transports in der Fahrerkabine zu erteilen.

ADR-AUTORISIERUNG
Die die Genehmigungen für die Beförderung gefährlicher Güter erteilt.

Sie sind für 5 Jahre gültig, müssen aber im vierten Jahr der Ausstellung verlängert werden. Das heißt, wenn die Genehmigung von 2017 ist, läuft diese im Jahr 2022 aus, aber der Fahrer muss sie im Jahr 2021 erneuern.

Die **BASIC-Ebene** erlaubt die Beförderung gefährlicher Güter mit Ausnahme von Tankfahrzeugen, Sprengstoffen und radioaktiven Stoffen. Um einen dieser Typen transportieren zu können, ist es notwendig, eine spezielle Berechtigung oder eine **Erweiterung** der

Grundstufe zu haben. Die Verfallsdaten für Verlängerungen sind die gleichen wie für die Grundstufe (falls sie nicht gemeinsam erworben wurden).

Auch wenn das Fahrzeug mehr als 3.500 Kilogramm zulässige Gesamtmasse hat oder wenn feste, abnehmbare Tanks vorhanden sind, werden Batteriefahrzeuge mit einem Fassungsvermögen von mehr als 1.000 Litern sowie CGEM-Container und mobile Tanks mit einem Fassungsvermögen von mehr als 3.000 Litern transportiert.

Jon Martin

KAPITEL 8. VERKEHRSREGELN

In diesem Kapitel werden wir einige spezielle Anforderungen an Fahrzeuge, die gefährliche Güter befördern, besprechen. Die Straßenverkehrsordnung gilt für sie (wie für alle anderen Fahrzeuge), aber sie muss auch einige höhere Punkte erfüllen.

UMLAUFBAHN

Die Beförderung von gefährlichen Gütern, wenn es alternative Routen gibt, muss zwingend, mit Ausnahme von Abschnitten mit Einschränkungen, vorrangig durchgeführt werden:

- Autobahn
- Doppelspur
- Ausklappbare Plattform für beide Richtungen

Jon Martin

Im Falle von Populationen sollten, falls vorhanden, Umläufe, Varianten, Außenrunden usw. verwendet werden. und dürfen außer zum Be- und Entladen oder aus gerechtfertigten Gründen höherer Gewalt keine Städte betreten.

EINSCHRÄNKUNGEN

Es kann auch Verkehrsbeschränkungen aus Gründen der Verkehrssicherheit, der Mobilität, der Verkehrsflussigkeit und der Gefährlichkeit geben.

Von diesen Einschränkungen gibt es in bestimmten Fällen eine Reihe von Ausnahmen:

- Verflüssigte Gase für den häuslichen Gebrauch, in Flaschen oder in großen Mengen, entweder zum Transport zu Verteilungspunkten oder zur Verteilung an Verbraucher.
- Waren, die für die Bereitstellung von Tankstellen bestimmt sind. Kraftstoffe zu Häfen und Flughäfen. Kraftstoff und Heizöl für den Schienenverkehr für den Hausgebrauch.

- Gase, die für den Betrieb von Gesundheitszentren erforderlich sind, sowie Gase an Privatpersonen für die Gesundheitsversorgung.
- Spezielle Berechtigungen

Sondergenehmigungen werden unter den folgenden Umständen erteilt:

- Unverzichtbare Produkte für den kontinuierlichen Betrieb von Industrieanlagen
- Produkte mit Herkunfts- oder Bestimmungsgesundheitszentren, die im vorherigen Punkt nicht berücksichtigt wurden.
- Transport zu oder von Häfen und Flughäfen, wenn Sie zwangsläufig zu diesen Terminen zirkulieren müssen (z.B. wenn Sie die Verbindung zu diesem anderen Transport verpassen).
- pyrotechnisches Material (die Bedingungen für diese Beförderung sind in der Genehmigung festgelegt)

- Andere Materialien, die aufgrund außergewöhnlicher Umstände als unerlässlich erachtet werden, werden transportiert. Diese außergewöhnlichen Gründe müssen gerechtfertigt sein, und die Genehmigung selbst bestimmt die besonderen Umstände, unter denen sie zirkulieren darf.

Die Beförderung gefährlicher Güter hat die **Höchstgeschwindigkeit,** mit der sie zirkulieren dürfen, auf 10 Kilometer pro Stunde begrenzt, die unter der allgemeinen Grenze für diese Straße liegt.

So können beispielsweise Autobahnen und Schnellstraßen mit einer Geschwindigkeit von 90 km/h befahren werden, aber im ADR-Verkehr beträgt diese Geschwindigkeit 80 km/h auf städtischen Straßen mit einer Geschwindigkeit von 50 km/h. Die Geschwindigkeit für den Transport gefährlicher Güter beträgt 40 km/h.

Es gibt auch Zeichen (und damit Einschränkungen oder Verpflichtungen) für die Beförderung gefährlicher Güter, wie z.B. ein Verbot von Fahrzeugen zur Beförderung gefährlicher Güter oder explosiver oder brennbarer Güter oder von Gütern, die das Wasser verunreinigen könnten. Oder Fahrbahnen für diesen Fahrzeugtyp.

BEGLEITENDE PERSONEN

Das ADR sieht für explosive Stoffe und Gegenstände (Klasse 1) vor, dass die nationale Behörde auf Kosten des Beförderers die Anwesenheit einer Begleitperson im Fahrzeug verlangen kann, wenn die nationalen Vorschriften dies vorsehen.

In der Praxis bedeutet dies, dass Fahrzeuge, die bestimmte Explosivstoffe transportieren, aus Gründen der nationalen Sicherheit und zur Verhinderung möglicher Terroranschläge einen Wachmann an Bord haben müssen. Sie wird in keinem Fall in der Lage sein, Be- und Entladeaufgaben durchzuführen.

Jon Martin

PARKEN

Fahrzeuge, die gefährliche Güter befördern, sind unter Aufsicht zu halten oder können unbeaufsichtigt in einem Depot oder auf dem Gelände einer Fabrik abgestellt werden, die eine vollständige Garantie für die Sicherheit bietet.

Wenn diese Möglichkeit nicht besteht, ist es möglich, separat an den folgenden Stellen in der Reihenfolge der Präferenz zu parken:

- Parken unter Aufsicht eines Begleiters (er muss über die Art der Ladung und den Standort des Fahrers informiert werden).
- Öffentlicher oder privater Parkplatz, wenn das Fahrzeug nicht durch andere Fahrzeuge beschädigt werden kann.
- Ausreichende Freiräume abseits wichtiger öffentlicher Straßen und kein Durchgangs- oder Treffpunkt für die Öffentlichkeit.

Mit anderen Worten, das Fahrzeug muss so "geschützt" wie möglich sein, und im Notfall muss es dort sein, wo der Schaden, den es verursachen kann, am geringsten ist.

Jon Martin

KAPITEL 9: LADEN, ENTLADEN UND HANDHABUNG

In diesem Kapitel werden wir einige Aspekte der Aktivitäten des Be- und Entladens und des Umgangs mit gefährlichen Gütern kommentieren.

Bei der Ankunft am Be- und Entladungsort müssen das Fahrzeug und der Fahrer die folgenden Vorschriften einhalten:

- Sicherheit
- Reinigung
- Reibungsloser Betrieb der Fahrzeugausrüstung beim Be- und Entladen

Bestimmte gefährliche Güter werden nur unter Volllast befördert.

Jon Martin

VERBOTE FÜR KONVENTIONELLE LADUNG

In Abschnitt 7.5.2 legt das ADR eine Reihe von Regeln fest, die festlegen, dass bestimmte Waren zusammen mit anderen Waren mit anderen Etiketten verladen werden dürfen. Explosive Beispiele der Klassen 1.4, 1.5, 1.6.

Besteht eine Transporteinheit aus 2 Fahrzeugen (einem starren Fahrzeug und einem Anhänger), gelten die Bestimmungen für gemischte Ladungen für jedes Fahrzeug und nicht für die Transporteinheit. Ein Beispiel dafür ist, dass Fahrzeuge, die Sprengstoffe transportieren, in der Regel einen kleinen Anhänger tragen und die Sprengstoffe in einem Kasten und die Zünder im anderen transportieren.

Es gibt auch Einschränkungen für:

- Lebensmittel
- Konsumgüter
- Tierfuttermittel

In diesem Fall dürfen die Versandstücke (oder ungereinigte leere Versandstücke) mit den

Etiketten 6.1, 6.2 und 9 nicht auf Lebensmitteln, Verbrauchsartikeln oder Futtermitteln gestapelt oder in unmittelbarer Nähe verladen werden.

HANDHABUNG UND STAUUNG

Die Ladung gilt als ausreichend geschützt, wenn der gesamte Raum in jeder Reihe vollständig mit Bündeln gefüllt ist. Das heißt, sie werden daran gehindert, sich im Fahrzeug frei zu bewegen. Dadurch wird verhindert, dass die Stöße umkippen oder sich bewegen und brechen.

Es ist dem Fahrer oder einem Mitglied der Besatzung untersagt, eine Verpackung mit gefährlichen Gütern zu öffnen.

Während der Handhabung, Be- und Entladung ist das Rauchen in der Nähe von und in Fahrzeugen oder Containern verboten.

REINIGUNG NACH DEM ENTLADEN

Nach dem Entladen eines Fahrzeugs oder Containers, das verpackte gefährliche Güter enthält, ist es, wenn festgestellt wird, dass die

Verpackungen einen Teil ihres Inhalts ausgelaufen sind, so schnell wie möglich, auf jeden Fall aber vor dem Umladen des Fahrzeugs oder Containers zu reinigen.

Fahrzeuge oder Container, die gefährliche Güter in loser Schüttung enthalten haben, sind vor dem Umladen ordnungsgemäß zu reinigen, es sei denn, die neu zu ladenden Güter sind die gleichen wie die zuvor beförderten.

Bestimmte Waren sind gezwungen, Reinigungsarbeiten durchzuführen. Es gibt Waschgelegenheiten, diese Einrichtungen stellen ein Zertifikat aus, dass das Fahrzeug sauber ist. Es ist die Pflicht des Spediteurs, den Absender über die zuletzt beförderten Güter zu informieren. .

AKKUMULATION VON ELEKTROSTATISCHEN LADUNGEN

Für den Transport bestimmter Stoffe muss vor dem Befüllen oder Entleeren der Tanks eine gute elektrische Verbindung zwischen dem Fahrzeugrahmen, dem ortsbeweglichen Tank oder dem Tankcontainer und der Erde hergestellt werden. Diese Stoffe sind brennbare Gase, Flüssigkeiten mit einem Flammpunkt gleich oder kleiner als 61°C oder UN 1361, Ruß oder Ruß und Waren der Verpackungsgruppe II.

SONSTIGE ANFORDERUNGEN

Je nach Material kann es spezifische oder zusätzliche Regeln für den Umgang mit diesen Gütern geben. Einige Beispiele sind:

Für einige Personen der Klassen 6.1 und 9 ist es verboten, ohne besondere Genehmigung der zuständigen Behörden auf einem öffentlichen Gelände oder <u>in städtischen Zentren</u> zu be- und entladen. Be- und Entladen auf einem öffentlichen Gelände <u>außerhalb von städtischen Zentren</u>, wenn die zuständigen Behörden gewarnt wurden, es sei denn, diese Arbeiten sind durch einen schwerwiegenden Sicherheitsgrund gerechtfertigt.

Für die Klasse 2; Packstücke dürfen nicht geworfen oder geschlagen werden, Behälter müssen in Fahrzeugen so gestaut werden, dass sie nicht umkippen oder fallen können, Zylinder müssen in Fahrzeuglängs- oder -querrichtung liegen, Kurzzylinder mit großem Durchmesser (ca. 30 cm) können in Längsrichtung mit den Ventilschutzvorrichtungen in Fahrzeug- oder Containermitte gestellt werden, Zylinder, die ausreichend stabil sind oder in geeigneten Vorrichtungen zum Schutz vor Umkippen transportiert werden, können aufrecht gestellt werden. Versandstücke (ausgenommen Druckluft- und Feuerlöscher, Aerosole oder Gaspatronen) sollten vorzugsweise in offene oder belüftete Fahrzeuge oder Container verladen werden. Wenn dies nicht möglich ist und sie geschlossen verwendet werden, werden die Frachttüren mit der folgenden Aufschrift gekennzeichnet: *"WARNUNG, KEINE LÜFTUNG. UM SIE VORSICHTIG ZU ÖFFNEN."*

Jon Martin

Bei Gütern der Klassen 4.1 und 5.2, die eine Temperaturregelung erfordern, ist der Beförderer vor dem Transport über die Anweisungen zum Betrieb der Kälteanlage und die bei einem Ausfall der Temperaturregelung einzuhaltenden Verfahren zu informieren. Die Packstücke müssen so verstaut sein, dass sie leicht zugänglich sind. Die Verpackungen sollten an einem kühlen Ort fernab von Wärmequellen gelagert werden. Die vorgeschriebene Regeltemperatur muss während des gesamten Transportvorgangs, einschließlich Be- und Entladung und eventueller Stillstände, eingehalten werden. Sollen die Packstücke gekühlt transportiert werden, muss die Kontinuität der Kühlkette beim Entladen oder bei der Lagerung gewährleistet sein. Bei der Handhabung der Packstücke sind besondere Maßnahmen zu treffen, um den Kontakt mit Wasser zu vermeiden.

KAPITEL 10. NOTFALLSITUATIONEN

In diesem Kapitel werden wir auf einige Aspekte eingehen, die im Falle einer Notsituation zu berücksichtigen sind.

FEUER

Um über Feuer zu sprechen, lassen Sie uns über die verschiedenen Arten von Feuer sprechen. Es werden sechs Arten von Bränden betrachtet:

- KLASSE A: Normale Brennstoffbrände wie Holz, Kohle **(Feststoffe)**
- KLASSE B: Brände aus brennbaren oder brennbaren **Flüssigkeiten** wie Ölen oder Benzin.
- KLASSE C: **Gasbrände**. Wie Butan, Propan.
- KLASSE D: **Metallbrände**. Die Metalle, die diese Art von Feuer verursachen, sind Magnesium, Titan, Zirkonium, Natrium oder Kalium.
- KLASSE E: **Elektrische** Brände

- F-KLASSE: Feuer aus Kochzutaten in Küchengeräten

Grundsätzlich gibt es 4 Arten von Feuerlöschern.

Die Wasserfeuer, für Feuer der Klasse A.

Schaumstoff ist wirksam bei Bränden vom Typ A und B.

Die Pulverlöscher, die für Brände der Klassen A, B und C wirksam sind.

CO2-Löscher sind für Brände vom Typ B und E wirksam.

Im Falle von Gasbränden sollten diese nicht gelöscht werden, ohne vorher die Leckage zu beseitigen. Da kann eine explosive Atmosphäre entstehen. Wenn es notwendig ist, den Feuerlöscher auszuschalten, richten Sie den Strahl in die Richtung, in die das Gas austritt.

Wasser sollte nicht zum Abschrecken mit Materialien der Klasse 4.3, in Materialien, in denen sie gefährlich mit Wasser reagieren, bei Bränden der Klasse D (Metallbränden) verwendet werden. In Anwesenheit von Strom.

ERSTE HILFE

Im Falle einer Notfallsituation mit Verletzten muss schnell, ruhig und effektiv geholfen werden. Wenn wir nicht wissen, was wir im Zweifelsfall tun sollen, suchen Sie Hilfe und geben Sie den Verletzten emotionale Unterstützung.

Bewegen Sie die Verletzten nicht, es sei denn, dies ist unerlässlich (im Falle eines Treffers oder Brandes).

Wenn eine Mobilisierung notwendig ist:

- Sie muss zwischen mehreren Personen durchgeführt werden, um die verletzte Person als starren Block zu transportieren.

- Wenn es nur eine Person ist, die das Opfer von hinten packt, ohne den Hals aufgrund einer möglichen Rückenmarksverletzung zu bewegen.

Im Falle eines Verkehrsunfalls sind die folgenden allgemeinen Regeln zu beachten:

- Bewegen Sie den Hals nicht zu denjenigen mit einer möglichen Verletzung des Rückenmarks.
- Helm nicht entfernen (Motorradfahrer)
- Geben Sie keine Medikamente, Lebensmittel oder Getränke.
- Wunden nicht berühren
- Bedecke die hügelige Gegend leicht, auch wenn sie heiß ist, und halte sie ruhig.
- Der Verletzte muss in eine Abwehr- oder Sicherheitsstellung (seitlicher Dekubitus) oder in eine Anti-Schock-Stellung (mit dem Gesicht nach oben und den Beinen nach oben, um die Durchblutung zu erleichtern) gebracht werden.

- Es ist notwendig, eine Erstbewertung jedes einzelnen Unfallopfers vorzunehmen, um eine Rangfolge festlegen zu können und zuerst die schwerste zu berücksichtigen.

KAPITEL 11. DER SICHERHEITSBERATER

In diesem Kapitel werden wir auf die Figur des Sicherheitsberaters eingehen. Die Gesetzgebung überträgt Ihnen die direkte Verantwortung für die Einhaltung der Sicherheitsstandards bei der Beförderung gefährlicher Güter.

Ist die berufliche Qualifikation von Sicherheitsberatern für die Beförderung gefährlicher Güter auf Straße, Schiene oder Binnenwasserstraße geregelt.

"Die Hauptaufgabe des Sicherheitsberaters besteht darin, im Rahmen der eigenen Tätigkeit und unter der Verantwortung der Unternehmensleitung Mittel und Maßnahmen zu suchen und zu fördern, die die Durchführung dieser Tätigkeiten erleichtern, vorbehaltlich der geltenden Vorschriften und unter sicheren Bedingungen"

Als vorbeugende Sicherheitsmaßnahme müssen Unternehmen, die Transport-, Be-, Entlade- oder Umschlagarbeiten durchführen, einen oder mehrere Sicherheitsberater haben.

Sie ist dafür verantwortlich, zur Vermeidung von Risiken bei der Beförderung gefährlicher Güter sowohl zum Schutz von Mensch und Umwelt beizutragen.

Sie übt eine beratende Funktion für Unternehmen in Bezug auf Mechanismen, Verfahren und Systeme zur Stärkung der Sicherheit aus, zu ihren Verpflichtungen gehört die Erstellung mindestens eines Jahresberichts und die Abdeckung der Unfallteile nach festgelegten Modellen.

PFLICHTEN DES SICHERHEITSBERATER

Überprüfen Sie, ob das Unternehmen die Vorschriften für die Beförderung gefährlicher Güter einhält.

Beratung des Unternehmens bei Tätigkeiten im Zusammenhang mit der Beförderung gefährlicher Güter.

Erstellung eines Jahresberichts für die Unternehmensleitung über ihre Tätigkeiten im Bereich der Beförderung gefährlicher Güter. Der Mindestinhalt dieser Berichte kann durch Beschluss des Ministers für öffentliche Arbeiten festgelegt werden.

Der Sicherheitsberater ist auch für die Überprüfung der folgenden Verfahren und Praktiken in Bezug auf die betreffenden Tätigkeiten verantwortlich:

Der Sicherheitsberater arbeitet mit den Behörden der Verwaltungen zusammen.

Beachten Sie, dass Sicherheitsberater zivil- und strafrechtlich haftbar gemacht werden können.

Das Zertifikat ist fünf Jahre gültig und wird um fünf Jahre verlängert, wenn der Inhaber im letzten Jahr vor Ablauf des Zertifikats eine Kontrollprüfung besteht.

Jon Martin

KAPITEL 12. INTERESSANTE LINKS

Website der UNECE (UN-Wirtschaftskommission für Europa)
http://www.unece.org/trans/danger/publi/adr/adr_linguistic_d.html

http://www.lagerwiki.de/index.php/ADR_2007_1.8.3_Sicherheitsberater

Printed in Poland
by Amazon Fulfillment
Poland Sp. z o.o., Wrocław